GELIEBTE

Erich Schirhuber

Geliebte

Dichtung - durch die Jahreszeit

EDITION ROESNER
artesLiteratur

Titelbild: Villa Maria – Turmzimmer, Stoupa

Gefördert durch
das Land Niederösterreich
KULTUR NIEDERÖSTERREICH
und das Bundeskanzleramt
BUNDESKANZLERAMT ÖSTERREICH
KUNST

Erste Auflage

Maria Enzersdorf
Covergestaltung und Bildbearbeitung:
Jürgen Dorn – DYNAMIND Marketing

Printed in Austria
ISBN 978-3-902300-88-1

www.edition-roesner.at

Für

meine Geliebte
meine Muse
meine Frau

in einer Person

Inhalt

Liebe

Denn wie die Liebe Dich krönt,
so kreuzigt sie Dich.
Wie sie Dich wachsen lässt,
schneidet sie Dich zurecht.
Khalil Gibran

Aus Zeitungsartikeln zum Thema und Krimis im Fernsehen weiß man, dass Prostituierte, die ins Land geschleust werden, nur zehn Wörter lernen müssen - oder dürfen: „Ficken blasen vierzig Euro“, zur Geschäftsanbahnung. „Du starker Mann“, für Kunden, die noch mehr Komplexe haben als der Durchschnitt. Und: „Ich liebe dich“, für diejenigen, die sich nicht eingestehen wollen, wo sie eigentlich sind.

Ja, eh.

„Ich liebe dich“, kommt auch feschen Herren und kessen Damen rasch über die Lippen, die in der Folge von ihrer kranken Mutter erzählen, deren spezielle Behandlung Unsummen verschlingt und daher, ahem … wenn du mir etwas borgen, ahem … nur kurz, ahem …

Ja, eh.

Und so mancher und so manche werden die berühmten drei Worte flüstern nach einem langen Abend, wenn der Tag die Nacht umarmt,

Herr Helios die Frau Luna verabschiedet, und der Aufriss seine Schuhe sucht, und es wird kein Telefonat demnächst geben und kein SMS, gar nichts.

Ja, eh.

Und doch lebt die Sehnsucht in fast allen Köpfen, die Sehnsucht nach den großen Gefühlen, den Gefühlen, die die eigene Welt und das eigene Leben anders werden lassen, so wie sie Khalil Gibran zeichnet - oder einfacher die Sehnsucht nach dem Gegenüber, bei dem man bleibt und das bleibt: Die Befreiungen des zwanzigsten Jahrhunderts - vom Ehemief der Nachkriegszeit und des Wirtschaftswunders, von patriarchalen Strukturen und anderem mehr, so gut und notwendig sie waren - oder gewesen wären, denn manches lebt ja ohnehin weiter oder feiert wieder fröhliche Urständ -, die Versprechungen der Freiheit also haben nicht alle Hoffnungen eingelöst.

Es gilt weiter die alte Unterscheidung: „Freiheit wovon - Freiheit wozu?", und wenn man sieht, wie immer wieder der Traum von der Ungezügeltheit der Selbstverwirklichung und der Traum von der Goldenen Hochzeit kollidieren in ein und demselben Kopf, dann wird klar dass sich so etwas wie Orientierungslosigkeit breitgemacht hat. Und man braucht nicht zu vermeinen, man wäre davor gefeit oder immer gefeit gewesen.

Klar war früher nicht alles immer eitel Wonne – wenig überraschend blättert ein Mensch wie ich einmal in der Bibel: Also wenn man ins Buch der Bücher schaut, Altes Testament: König David (für nicht so Bibelfeste: Das war vormals der Kleine mit der Steinschleuder, der bellizistische Heintje) stellt Batseba mit mehr als unlauteren Mitteln nach; Lots Töchter vögeln ihren bezechten, eigentlich vollfetten Papa. Und Moses (oder Gott, wie auch immer) hatte sicher einen Grund, Ehebruch auf die Gesetzestafel zu schreiben.

Oder die drei Göttinnen, die – gleichsam ein olympischer „Next-Top-Model"-Wettbewerb – je die Schönste sein wollen, den Juror Paris mit plumper Bestechung beeinflussen; Paris, der seinerseits – ganz Mann – nicht vom Cerebrum, sondern vom Skrotum gelenkt wird; eine Aphrodite, die es wenig kümmert, dass der versprochene Preis, die „schönste" Helena, längst vergeben ist an den König von Sparta; und das Blutbad vor Troja, das die Leichtfertigen damit auslösen – kannte Homer auch schon unsere Zeit?

Oder in mittelalterlichen Epen: Tristan linkt König Marke mit unerlaubten Substanzen, Gunther und Siegfried linken Königin Brunhilde mit faulen Tricks; König Etzel heiratet definitiv die Falsche und nimmt schweren Schaden an Familie und Besitz. Aber immerhin: Die drei Erstgenannten bezahlten ihre Libertinage mit dem Leben. Von den Versnovellen dieser Zeit mit den unzüchtigen Mönchen, frivolen Ritterfräuleins und so fort gar nicht zu reden.

Ist hier von Liebe die Rede? Das Wort wurde jedenfalls ohne Scheu gebraucht; auch noch von – der muss ja kommen – Goethe, schon als Jungspund in Sesenheim, noch als alter Depp in Marienbad. Und dann noch lange und oft von unzähligen, die auf „Triebe“ und „bliebe“ reimten.

Heute sind Autorinnen und Autoren etwas vorsichtig geworden mit solchen Begriffen; der Verfasser diese Zeilen hat vor Jahrzehnten eine Dissertation über Thomas Bernhard geschrieben und würde – ohne das exakt recherchiert zu haben – sagen, im Gesamtwerk von „Unterganghofer“, von „Alpenbeckett und Menschenfeind“ (ach, wie witzig) kommt das Wort „Liebe“ kein einziges Mal vor. Und er ist damit nicht allein. Und natürlich hat das seinen Grund, einen guten Grund, wie zuvor erwähnt.

Aber ein guter Grund ist nicht ein bester, und so soll hier bei allem Respekt vor Bedenken und Reserviertheiten die Liebe zum Thema gemacht werden, die eigene, die anderer, dort wo sie vorhanden ist oder eben nicht mehr oder gerade nicht: dem Jahreskreis nachgefühlt, mit Kälte und Hitze, mit Sonne und Nebel, mit Hagelsturm und Flaute.

Dem Verfasser der Texte (oder sagen wir jetzt geradeaus: ich) ist manches schon untergekommen an Liebesdingen und -undingen, mir unmittelbar selbst und in meinem Umfeld: Und seit einigen Jahren bin ich mit einer wunderbaren Frau verheiratet, der ebenfalls schon manches untergekommen ist an Liebesdingen und -undingen - und so ist das Thema dieses Buches eigentlich tägliches Erleben; und auch ein lyrischer Wiederholungstäter kann irgendwann nicht umhin, sich statt Kaffeetassen, mediterranen Leuchttürmen, pfälzischen Abteien oder aztekischen Göttern dem zuzuwenden, was ständig präsent ist - im Kopf, in der Brust, in den Beinen und auch dazwischen.

Eine warme Hand, ein Muttermal im Nacken, ein Gespräch am Morgen über die Träume der Nacht, ein Pflaster das man auf einen verletzten Finger geklebt bekommt, tägliche Rituale die feststehen, ohne leer zu werden – all das und vieles mehr kann eine Bedeutung und ein Gewicht bekommen, die ein oberflächlicher Blick erst zu würdigen lernen müsste und die ein tiefer Blick zu würdigen weiß – jenseits von Vernissagen-Larifari und Newsflash-Schmonzetten …

Herbst

Herb riecht die Maische
beim Abschied der Wildgänse
erblasst die Wolke

Wer jetzt kein Haus hat, baut sich keines mehr.
Wer jetzt allein ist, wird es lange bleiben,
wird wachen, lesen, lange Briefe schreiben
und wird in den Alleen hin und her
unruhig wandern, wenn die Blätter treiben.
Rainer Maria Rilke

Es liegt nahe, den Herbst melancholisch zu besetzen wie Rainer Maria Rilke in seinen vielzitierten Zeilen - die Natur zieht sich zurück, viele Felder sind leer, die Tage kürzer, die Sonnenstunden seltener, die Blätter färben sich, auf Tschechisch heißt der November sogar „Fallende Blätter“. Dass es sich um die Erntezeit handelt („harvest“), kümmert Städter meist wenig.

Carotinoide hin und Anthocyane her - auch um eine Liebe können sich Nebelschwaden verdichten, kann es ein Morgengrauen geben, das der Helligkeit nicht weichen mag. Die Zuneigung mag kurz durchgerüttelt werden, sie kann verschwinden und wiederkehren wie die Schwalben und die Störche oder endgültig verrotten wie das Laub. Der germanische Name des Septembers war schließlich „Scheiding“ und hatte mit schneiden und trennen zu tun – durchgeführt mit Sense und Rebmesser, aber auch rechtlich: Die Entscheidung war gefallen, dass man nicht zusammenpasst. Und vielleicht war der oder die eine schon „bis zum Scheitel" in jemanden anderen verliebt - etymologische Abschweifungen zum Begriff „Scheide" unterbleiben an der Stelle als zu abgeschmackt.

Den Oktober nannten sie „Gilbhart", was so zirka „viel gelb" bedeutet und farbsymbolisch natürlich mit Eifersucht und Falschheit zu tun hat - Letztere wohl grundsätzlich der Tod der Liebe, Erstere so notwendig wie möglicherweise problematisch: der Mohr von Venedig, Herr Innstetten, tausende in der Literatur und Millionen im Leben. Wir und Herr Briest wissen:

„Das ist ein zu weites Feld."

Aber wenn die Liebe groß ist, kann sie auch ein paar raue Tage überdauern - manche Pflanzenknollen ziehen sich zurück für eine längere Zeit und treiben dann Blätter und Blüten. Und in der Melancholie grauer Tage steckt die Wurzel, die Knolle, die Zwiebel dazu, es besser zu machen, nicht im Nebel zu verharren, die Trauben nicht leichtfertig verkommen zu lassen. Und der Schmerz kann eine Lehre sein, die aus der Leere führt und zu einem selbst, wie es Franz Kafka mit aggressivem Vokabular ausdrückte:

„Auch ist das vielleicht nicht eigentlich Liebe, wenn ich sage, dass Du mir das Liebste bist; Liebe ist, dass Du mir das Messer bist, mit dem ich in mir wühle."

Wie stirbt eine Liebe

Stirbt sie wie ein Kind an einer
Krankheit
wie ein Alter an Schwäche
wie so viele auf der Welt
an Hunger und Durst
oder
wie so viele auf der Welt
durch Gewalt Kugeln Dolche Bombenteppiche
oder stirbt sie vielleicht gar nie
vielleicht legt sie sich zur Ruhe
oder zur Unruhe
bei Zeiten
wie in alten Legenden
vielleicht schläft sie nur
müde geworden vom Steigen über Zäune
und Mauern und davon
Steine beiseite zu rollen
und davon immer wieder
neu anfangen zu müssen
wie
in alten Legenden und bei Zeiten

und sie schläft und träumt
von grünen Wiesen ohne Gatter und
ohne Stacheldraht
und sie träumt
von sich selbst
träumt von der Liebe
und vielleicht
erwacht sie plötzlich wenn
ein rauer Wind an einem Fenster rüttelt
wenn das Glas klirrt und das Holz knarrt
vielleicht fährt sie dann auf aus ihrem Schlaf
blickt sich um
etwas verwirrt noch
und ist
wieder da

Kaffeepause

Anstatt Akten zu bearbeiten
und anstatt
Weisungen von Vorgesetzten zu befolgen
und Mitarbeitern und Mitarbeiterinnen
Weisungen zu erteilen und das
Befolgen dieser Weisungen zu
kontrollieren wäre es
doch ganz etwas anderes
an einem Morgen auf einem Feld zu stehen
mit Schwert und Schild und
Helm und nicht zu wissen ob man
den Abend noch erlebt ob man noch
ist wo ein paar Stunden entscheiden
würden über vieles über alles
und dann am Abend noch zu leben und
einen Schrei zu tun einen Schrei des
Sieges des Lebens wäre das nicht
Leben mehr als die Akten die
Weisungen die Kontrollen dachte
er gelegentlich wenn er neben dem
Kaffeeautomaten stand und auf

Ohne Zucker drückte und
er hatte ganz
den Zug der Raben vergessen
den Zug der Raben
den Zug der Raben

Völkerkunde mehr als trivial

Irgendwo soll es Stämme geben
deren Sprache kennt
keine Vergangenheit und auch
keine Zukunft und man sagt
diese Leute würden deshalb
ganz im Heute leben
ganz für den Augenblick
weil sie Anderes
nicht ausdrücken könnten
und so brauchte man nur
das Wort *Kummer* vergessen
das Wort *Schmerz* und schon
wäre das Glück gesichert
kein Kummer kein Schmerz
aber wie hält man es dann
mit dem Wort *Sehnsucht*

Gumpoldskirchen ohne Rilke

Nicht viele Steine am Weg
und schon gar keine Felsen
die eine oder andere Wasserlache
da und dort
vom letzten Wolkenbruch
im späten September
und natürlich im Kopf die Worte
leg deine Schatten auf die Sonnenuhren
und auf den Fluren
etcetera etcetera
und ich greife nach der Hand meiner Frau
der schönen
mit den zarten Händen
und denke
es gibt keine Sonnenuhren mit Zeigern mehr
oder kaum
doch die Uhren haben alle keine Zeiger
nichts springt zitternd
nichts dreht sich gleichförmig
immer eine Zahl und die nächstgrößere
und wieder die nächstgrößere

kein Zittern keine Gleichförmigkeit
und vielleicht deshalb
doch so viel Zittern
es liegt der Geruch der Lese in der Luft
sauer stark der Geruch der Maische
und der Trauben die auf den Reben blieben
gären schimmeln
wer jetzt allein ist wird es lange bleiben
wird lesen wachen lange Briefe
etcetera etcetera
wird nicht lesen vielleicht
viele kurze SMS schreiben vielleicht
aber allein
wenn die Zahlen ablaufen
und ich halte die warme Hand fest
und denke
es ist gut so

Abend herbstlich

Rotweinflecken auf einer Decke
und Wasserflecken am Fußboden
und Bücher verstreut
und Zettel zerknüllt
Zigarettenasche
Pfeifentabak
und ein schweigendes Telefon
und zerschlagene Lilien
Stängel da
Blüten dort
und die rechte Hand am linken Ringfinger
am Ring mit dem Namen
und den Ring drehen
immer wieder drehen
und denken
Ja, ich will
Ja, ich will …

Poetenplausch teils verständnislos

Oscar Kollege vom Shannon
Pier Paolo Bruder vom Tagliamento
Rainer Werner du hoch zu Schätzender
vom Main
und du Federico García der nicht zu Erreichende
der nicht annähernd zu Erreichende
viel geliebt ihr
große Lieben schwere Zeiten im Leben
schaurige Tode auch
in Ostia erschlagen
erschossen vom Faschisten irgendwo
bei Granada
und die vielen schönen Zeilen
Verse die das Herz berühren Zeilen
des Verstandenwerdens
wer möchte nicht Worte setzen können
wie du Federico García
Bilder zaubern wie du
Pier Paolo
wie nah seid ihr auf vielen Seiten
und doch

meine Schöne hätte euch nicht um die Ruhe
gebracht
gar nicht vermutlich
und irgendwie denke ich
wie kann das sein
wie kann das sein

Temps perdu

Ein Spaziergang in der Abendsonne
das Licht so schön die
Häuser die Blumenbeete
die Stoppelfelder
der Kauf von Eiern
Eier von Freilandhühnern natürlich
von Pflaumen gereift ohne Pflanzenschutz
der Gang durch einen Garten
das Befüllen einer Vogeltränke
das Zwitschern der Vögel
das Laub des Wilden Weins
das sich zu verfärben beginnt
so schön
so schön zum Niederknien
so schön zum Verzweifeln
so schön und so traurig
wenn man es nicht teilt
nicht sagen kann
schau das Laub
horch die Amsel
siehst du jedes Ei ist anders

in der Größe der Farbe der Form
wozu die Freilandeier
wozu die Pflaumen
wozu die Abendsonne
wenn Schönheit nur traurig macht
im Gedanken daran
dass man sagen möchte
schau die Sonne am Stoppelfeld
und dort auf dem Haus
und man sagt es nicht
sagt nichts
und ist traurig
nur das ...

Zeitfluss relativ

Warten auf deine Heimkehr
eh nur ein paar Tage
was soll's
das ist wie ein paar Mal warten
dass du zurückkommst von einem Besuch
beim Arzt
mit etwas mehr Leuten im Wartezimmer
oder wie etliche Wege zur Bank
was soll's also
die paar Tage
man kann spazierengehen
ins Kaffeehaus
was soll's
nicht mehr als ein paar längere Einkäufe
man kann Filme ansehen
oder Fernsehen
ja man kann
und man kehrt bald um
auf den Wegen zwischen den Rebstöcken
man zahlt bald seinen Espresso Doppio und
hat in Zeitungen geblättert

ohne zu lesen
schaut Filme an bis der Morgen graut
weil Schlaflosigkeit nicht schön ist
und bleierne Müdigkeit doch kommt
wenn der Morgen graut
und denken
eh nur ein paar Tage
was soll's

WINTER

Das Eis am Teich kreischt
leise bricht der morsche Ast
unter weichem Schnee

Die Liebe hat überaus viel
phantastische Verzückungen.
Immanuel Kant

Kalt ist es im Winter, kalt ist es zuweilen ums Herz. Diese Jahreszeit dauert auf der Südhalbkugel 93 Tage - so lange in der Seele zu frieren wäre eindeutig zu lang. Auf der Nordhalbkugel gibt es zwar nur 89 Wintertage, aber: auch zu lang, wenn es um Streit, Unverständnis, Lieblosigkeit ginge. Viel zu lang.

Im Winter ließen schon die Römer zu den Saturnalien einigermaßen die Sau raus, und noch heute gibt es den Karneval, Fasching, Fasnacht oder wie das seltsame Treiben jeweils heißen mag, wo mancher und manche gern das sein möchten, was sie ihrer Meinung nach in Wahrheit sind: Pirat, Sultan mit Harem, Schlampe, Vamp, schwarze Schicksalsgöttin, römischer Legionär. Ist einer in der Realität eine Schiachperchte, kann er sich getrost als Schönperchte versuchen, Frau Perchta nimmt es da nicht so genau.

Wenn ein Teilzeitsultan und eine Saisonschlampe ihr sonst nicht gelebtes Leben praktizieren, ist das eine Sache - wenn das ganze Jahr

Raunacht wird, vielleicht aus einer Sehnsucht nach Wärme im Frost, nach Licht in den langen Nächten, wenn der geordnete, also rituelle Partnerwechsel einer Quadrille vom Parkett auf den Steinfußboden des Alltags entweicht und dabei auch noch jede Ordnung einbüßt und recht profan wird, ergibt das die Wirkung, wie man sie den offenen Kaminen nachsagt: vorne wird einem ordentlich heiß, aber am Rücken – und am Hintern – friert man.

Manche werden tatsächlich hart wie der gefrorene Harsch oder der Eiszapfen, trocknen ein wie eine Geranienwurzel, glitzern wie die Straßen nach einem Eisregen und bedeuten ebenso viel Rutschgefahr. Der „Hornung", der Februar, hieß schließlich „Zeit der Paarung" und zugleich „der im Winkel Gezeugte", und das gemeingermanische „Hurna" legt dem Laien eine zwar linguistisch völlig falsche, aber im höheren Sinn doch richtige Deutung nahe.

Der Winter hat es an sich, dass sein Ende herbeigesehnt wurde und allerhand Rituale dieses Ende herbeiführen sollten. Der Winter der Seele wird nunmehr bekämpft mit Blind Dates, Internetforen, One-Night-Stands, freie und offene (sic!) Beziehungen und anderem hilflosen Aktionismus, der jedes Aperschnalzen und Stallberäuchern als vergleichsweise ungemein vernünftig erscheinen lässt. Wie die Alten ist keiner sicher, ob die Frostperiode wirklich wieder endet, wie die Alten hofft man. Und anders als die Zuverlässigkeit der Sonne, die tatsächlich wieder höhere Bahnen ziehen wird, gehört auch eine Portion Glück dazu.

Es könnte sein, dass eine große Liebe im Leben – durch wen oder was auch immer - vorgesehen ist und diese versäumt werden kann bloß dadurch, dass ein Bibliothekar nach einer Blondine sucht, die zumindest ein Meter siebzig groß ist und die kleine Dunkle übersieht, die so oft in die Ausleihe kommt; dass eine Kostenrechnerin einen Akademiker oder einen Single mit Niveau sucht und so nie die weichen Hände des Kollegen aus dem Expedit spüren wird; dass die frisch geschiedene Managerin meint, jeder X-beliebige wäre netter als ihr Ex und die dadurch ihren Golftrainer deutlich überschätzt; oder dass der Schlagersänger eine Schulkollegin seiner Enkelin heiratet, die alsbald zum It-Girl mutiert und ihn wegen einem jungen Rapper verlässt.

Oder einfach, dass man den Bus um 17 Uhr 36 nimmt und nicht den um 17 Uhr 42 …

Klimawandel

Ein Frühlingstag im Dezember
grau der Himmel
aber warm der Wind
trüb die Sonne
aber Sonne
und sie wärmt das Gesicht
und es ist kalt
denn das Brennen der Sehnsucht
und das Brennen des Schmerzes
wärmen nicht
an einem Frühlingstag
im Dezember

Wintersonne unnütz wie nur

Die Sonne steht schon knapp
über dem Dach des Stiftes
obwohl erst die Mitte das Tages
gekommen ist
und die Kirche ist abgesperrt
mit einem Gitter aus Schmiedeeisen
und ich denke an den Tag
wie vor dem Altar die Mönche sangen
und sie lehnte sich an mich
und nun das Gitter aus Schmiedeeisen
und am Display
des Mobiltelefons
ein paar Sätze
und in den Augen
viele Tränen
und die verschleierten Augen
können nichts mehr tippen
als
mitte lass es hut sein
mitte bitze …

Charon revisited

Bei den Alten so sagt man
bei den Griechen Römern
kamen die Toten in den Hades
ins Land ohne Farben ohne Freude
ins Schattenland
ins Schattenreich
durchweht von vielen Seufzern
und ich brachte sie dorthin
jeden und jede
sagt Charon der Fährmann
und es war nicht die Hölle
wie man sich später erzählte
wie sie sich Mönche und Päpste
erdacht haben
in Fieberträumen
aber du sagt Charon
der du die Liebe nicht festgehalten hast
der du fahrlässig warst
mit deiner Liebe
und mit der die dir entgegenkam
dich fahre ich auch ins Schattenland

in das Land ohne Farben ohne Freude
in das Land der vielen Seufzer
aber dich du Narr
sagt Charon
dich fahre ich nicht über den Lethe
den Styx was auch immer
nicht über den Fluss des Vergessens
ich nehme nicht an deinen Obolus
sagt Charon
und ich lasse dir die Erinnerung
die Sehnsucht
die Gedanken daran was war
vor deiner Fahrlässigkeit
und dann hast du deine Dämonen
die dich quälen
die glühenden Zangen
den Höllenfürsten
der sich immer neue Gemeinheiten ersinnt
und du brauchst
keinen durchgeknallten Papst
keinen umdunkelten Mönch
kein Bild von Hieronymus Bosch
dann hast du das Schattenland
samt Höllenfeuer
sagt Charon
und legt seine Ruder ein und setzt über
über den Fluss der Erinnerung

Summa theologica

Der Bischof von Hypo
der spätere
war in jungen Jahren ein arger Steiger
und ein Hurenbock sogar
zum Verdruss seiner frommen Mama
und irgendwann dann
entsagte er dem Begehren
der Begehrlichkeit
dem Sex halt sagen wir es offen
wurde
wie gesagt
Bischof
Theologe Kirchenvater gar
Augustinus
einer der vier lateinischen Kirchenväter
wie Hieronymus Ambrosius
und Gregorius wie doch gleich
Gregorius dingsda
und er wurde heilig Ordensstifter
Begründer der Augustiner Chorherren
Sie wissen die mit den vielen Knöpfen

am Habit
aber könnte es nicht sein
dass er
hätte er die Eine kennengelernt
die Eine
die Eine und sie begehrt
und nur den Anderen entsagt
sie begehrt
wenn er im Weingarten bei der Lesearbeit
ihren Rücken anschaute
durch das grobe Arbeitskleid
sie begehrt wenn er das Muttermal
auf ihrer Schulter anschaute
während einer Aufführung im Theater
sie begehrt wenn er zu Hause schrieb
und an sie dachte
die zum Markt gegangen war
sie begehrt
wenn seine Haare schon sehr grau waren
und die Ihren desgleichen
könnte es nicht sein
dass er dann sehr heilig gewesen wäre
ohne Heiligsprechung
oder zumindest selig
ohne Beatifikation
also
ohne die Seligsprechung

Breughel was soll's

Der Vorfrühling ist eine düstere Zeit
auf dem Jahreszeitbild
von Breughel
und hier
in den Weinbergen
ist der Himmel so blau
und weiß die Wolken
oder rosa sogar
und das Grün
zwischen den Rebstöcken
ist es das Gras vom Vorjahr
oder doch schon frisches
neues
und der Asphalt der Straße
scheint aus Metall zu sein
im Licht der Wintersonne
und alles wäre widerlegt
was Breughel malte
wäre da nicht diese Tür
dieses Schloss
diese ins Schloss gefallene Tür

und ein Traum
auf den die Schatten
des frühen Abends fallen
eine Tür
ein Schloss
und am Horizont tatsächlich Wolken
dunkle dichte Wolken
wie einst in Flandern

Park unwarm

Der Musikpavillon
im Kurpark
ist abgesperrt
und anscheinend soll er
einen neuen Anstrich bekommen
er hat ja auch schon
so manches erlebt
vor nicht langer Zeit
spielte man hier
Die Myrthenträume
und natürlich
Zwei Herzen im Dreivierteltakt
und ein Betrachter
warm gekleidet
der Jahreszeit entsprechend
denkt nach
über einen möglichen Spielplan
für die kommende Saison

Tannenreisig

Tannenreisig
deckt die Beete und Rabatte
als Schutz vor dem Frost
der noch zu erwarten ist
im Februar
der fast sicher noch
zu erwarten ist
aber da und dort
schon ein Krokus
da und dort
unter dem Reisig
und unter dem Reisig auch
zurückgezogen
im Winterschlaf sozusagen
Pflanzen
die eigentlich im Süden wachsen
eine Frau
eine Schöne
hat mir deren Namen genannt
mir
der ich wenig firm bin

in der Botanik
und wir haben an den Blüten gerochen
im Süden
eine Frau meine Frau
eine Schöne die Schöne
und vor dem Beet
mit dem Tannenreisig
ist sie nicht dabei
und es ist nicht Süden
und es wird kalt am Abend
aber immerhin
da und dort
ein Krokus

Kurgast mitnichten

Wo Elektrogeräte verkauft werden
Fachberatung
jawohl –
gab es vor Jahrzehnten ein Café
in dem ein paar Mittelschüler
an manchem Abend
ihr Leben planten
eine Kabarettbühne zu gründen
oder eine Bluesband
jawohl –
Mädchen wären in einer Band
fehl am Platz
so meinte man damals
damals

im Schlossergässchen
hatte eine Zeitung ihr Büro
den Redaktionssitz
für die ein Student dilettierte
über Verkehrskonzepte
und Waldsterben

und manchmal dachte er nach
darüber
ob es die große Liebe gäbe
die ganz große
traurige
wie zwischen Jenny und Oliver
wie zwischen Jurij und Lara
und so weiter
oder auch eine glückliche
wo war die Tür doch gleich
die Tür der Redaktion
dort wo jetzt ein Schild
Physiotherapie
hängt
oder doch dort
wo jetzt der Souvenirladen ist

und einige Schritte weiter
im Park
schwimmen die Enten allein im Wasser
nur Enten Schwäne
keine Ruderboote
keine Paddelboote
und im Café hängt ein Schild
Wegen Umbau bis Mitte März geschlossen
die Holzrahmen des Rosariums
ragen verwaist in die Höhe

wie Gitter für den Stahlbeton
auf einer Baustelle
sie grüßen die sinkende Wintersonne
und der Mann weiß
dass es die große Liebe gibt
und dass sie glücklich sein kann
und auch traurig
und dass
so wenig dazwischen liegen kann
so wenig
und ein Flugzeug
zieht über den Himmel
fast schon ein Abendhimmel
wohin wohl

Walzertraum

Als seine Geliebte ihm sagte
sie bekäme ein Kind
da freute sich der Tonsetzer und
komponierte eine
Symphonie
für Klavier Bratsche
und acht Windeln
und einige Monate später
als das Kind ständig schrie
auch nachts
und überhaupt sehr oft
schrieb er ein Konzert
für Violine Gamba
und zwölf Kondome

FRÜHLING

Das Schmelzwasser rinnt
zugefrorene Schlösser
geben Türen frei

Immer werden wir einzig sein,
immer nur Du und ich
allein auf der Erde,
um das Leben zu beginnen!
Pablo Neruda

„*Bald schon kommt der Frühling mit seiner lauen Wärme zurück, bald schon legt sich der Sturm des winterlich düsteren Himmels in dem angenehmen Säuseln des Zephyrus*", schrieb Catull, und das Frühjahr, den holden Lenz, der uns grüßen will, angenehm zu nennen scheint naheliegend. Bäume und Blumen blühen, in der Gefühlswelt entstehen die eben so genannten Frühlingsgefühle, wenn nicht gerade die ebenso genannte Müdigkeit zu schaffen macht, nicht selten erlebt jemand den zweiten oder dritten oder x-ten Frühling. Dass lenzen „länger werden" heißt, sei als kleine Schlüpfrigkeit erwähnt.

In der Entwicklung, im Sprießen einer Beziehung hat diese Jahreszeit natürlich ihre Entsprechung und eine ganz besondere. Ihr Aufblühen kann recht rasch sein oder auch dauern, obwohl eigentlich schon alle Weichen gestellt sind, ohne dass die beiden Beteiligten es realisieren – oder nicht realisieren wollen, weil es mehr als zwei Beteiligte gibt. Viele Spielfilme leben eben davon, und das Leben spielt es auch so - wie sagt, nochmals erwähnt, Herr von Briest:

„Das ist ein zu weites Feld."

Schneeglöckchen tauchen über Nacht - eigentlich über Tag - auf und sind doch mehrjährig, wie man das nennt, also keine Hopp-und-Tschüss-Naturen. Sie sind für eine Liebe grundsätzlich ein wunderbares Muster: beständig, ohne großen Pomp nach außen, zäh - und wunderschön. Bei falscher Anwendung sind sie übrigens giftig, sie gedankenlos zu vernaschen kann zu Übelkeit führen, tödlich enden kann dies bei ihren späteren Schwestern, den Maiglöckchen. Diese vom Bärlauch zu unterscheiden ist also so notwendig wie die Saisonschlampe und den Teilzeitsultan von der Liebe des Lebens - aber beides ist leicht möglich, wenn man sich auf seine Nase verlässt.

Dass im Wonnemonat einer Liebe die Körperflüssigkeiten eine nicht zu unterschätzende Rolle spielen, ist evident. Dass Begehren und Begehrlichkeit nach drei Jahren deutlich nachlassen, sagen Anthropologen. Und dass die Erde eine Scheibe ist ebenso.

Auch die Tränen und die Galle sind Körperflüssigkeiten - kleine Maigewitter sind harmlos, die Eismänner können jedoch bleibenden Schaden anrichten an den frühen Knospen; Maikäfer auch, erst als gefräßige Engerlinge, dann als ungelenk dahinsurrende Dinger, die ganze Bäume kahlfressen können. Schnecken, die ihre Schleimspuren durch die Gegend ziehen und an Stängeln und Blättern zu raspeln beginnen und nicht wissen, ob sie ein Mandl oder ein Weibl sind. Der Mehltau, der frisches Grün grau macht. Wer kennt nicht eine Maria Engerling, einen Rudi Weinbergschneck, einen Michael Mehltau. Oder eine Karin Blattlaus …

Die Liebe eines Lebens hat hohe Schädlingsresistenz gegenüber diesem Gewürm, weil sie sich ihrer inzwischen sicher geworden ist. Sie wächst im Wonnemond auf den Sommer zu und begegnet jedem Nachtfrost mit wohligem Kuscheln.

Übrigens hat der Wonnemond eigentlich weniger mit Wonne zu tun als mit „winne“, was „weiden“ heißt: Die Herden wurden auf die Weideplätze gebracht. Was allerdings auch ein schönes Bild ist.

Fensterblick mit Frau

Sie steht am Fenster
hinausgelehnt
und ich denke
dieser Hintern
dieser Popsch
dieses Popi
mittelhochdeutsch ars
schon althochdeutsch ars
und ich denke
auf diesen wunderhübschen Popsch
althochdeutsch ars
kann ich einfach eine Hand legen
oder gleich beide
und George Clooney darf das nicht
und auch nicht der Nachbar
aus dem dritten Stock
und auch nicht die Nachbarin
aus dem ersten Stock
einfach ich nur
Hand anlegen
an diesen unvergleichlichen Popsch

mittelhochdeutsch ars
vielleicht nicht demokratisch
nicht wirklich solidarisch
und ich strecke einen Arm aus
oder beide

Xerxes wir kommen

Ihr Vater war ein König
Kleomenes
und ihr Sohn würde einer sein
Pleistarchos
und sie hatte eine List enttarnt
eine geheime Botschaft
über den Angriff der Perser
und man sagt
sie habe damit ihr Vaterland gerettet
und eines Abends
sagte sich ihr Mann
ihr Gatte
auch ein König
einmal noch
ihre Wärme spüren
durch ihre Haare streichen
durch Gorgos Haare
noch einmal alles an ihr berühren
betasten begreifen
das sehen von ihrem Körper
was die Dunkelheit zeigen will

noch einmal eins werden mit ihr
und die Nacht hat ihn nicht geschwächt
wie manche es vermuten
Enthaltsamkeit vor Wettkämpfen
und so weiter
nein gewiss nicht
und am Morgen trat er aus dem Haus
mit einem Gefühl des Glücks
mit einem Gefühl der Kraft
der Stärke
jeder Morgen ist der Beginn
eines Tages
und dieser war der Beginn
eines guten Tages zum Sterben
und mit dem Geruch ihres Körpers
auf dem seinen
mit ihrem Schweiß auf seiner Haut
nahm er sein Schwert
sein Schild
und alles was nötig war
zum Sterben
denke ich jedenfalls …

Toast für viele und eine

Hinter dem Balkongitter
die Palmen
und jenseits der Straße der Strand
wo die Wellen rauschen
die blaugrünen
türkis nennt man es wohl
und auf dem Tisch der rote Wein
man könnte sagen
eine Referenz an Bacchus
an Dionysos an Noah
an Silen oder Anakreon
oder aber einfach sagen
ich trinke ihn
mit meiner Muse
mit meiner Frau
deren Namen Hoffnung bedeutet
spes für die Römer
aber russisch

Poet in love

Du bist mir nicht
Arthur Schnitzler
weil du keine *Liebelei* bist
du bist mir Marcel Proust
nicht weil du Asthma hättest
und natürlich schon gar nicht
wegen eines Prustens
aber weil du keine Anekdote bist
sondern
die Suche nach
der verlorenen Zeit
oder sogar
das Finden
der gewonnenen Zeit

Sexintern

Ob sie in einem Iglu sitzen
und Christus
den Seehund Gottes nennen
weil sie noch nie
ein Lamm gesehen haben
oder in einem Langhaus wohnen
und dem toten Opapa
jedes Jahr
ein Schweinderl spendieren
oder ob sie darauf warten
dass Götter mit Flugzeugen kommen
und Transistorradios verteilen
Cargokult betreiben also
oder was immer
oder in Wohnungen leben
die man nur im Lift erreicht
im dreiunddreißigsten Stockwerk
oder im sechzigsten
in den Laubhütten
und in den Häusern aus Schnee
und in den Hochhäusern aus Stahlbeton

und in den Bauernhäusern
des oberen Vintschgau
überall haben Menschen Sex miteinander
öfter oder weniger oft
aber nirgends
denke ich
Laubhütte Iglu Vierkanter
nirgends so schön
wie der mit meiner Frau

Othella

Deine Pfeife ist so etwas wie eine Rivalin
sagt sie
weil wenn du sie in der Hand hältst
kannst du mich nicht streicheln
und ich denke
wenn nun eine Paula Pfeife käme
schön geformt sattbraun glatt
oder eine Katharina Kaffeehaus
mit Klavierspieler Zeitungen rotem Plüsch
wären das ernsthafte Rivalinnen
eher nicht denke ich
und dann denke ich
aber was wäre wenn dich
ein Stefan Stuhlgang umwirbt
wer könnte dem auf Dauer widerstehen
eine faule Pointe
gewiss

Verliebt ziemlich frisch

Kecken Schrittes tritt er aus dem Haus
mit einem leisen Lachen
öffnet er die Autotür
er startet und summt dabei
einen alten Rockhadern
zufrieden grinsend
parkt er ein
frohgemut öffnet er die Lifttür
tänzelt über die Gänge
vor den Büros
und drückt dann
kreuzfidel
die On-Taste des PC
mit dem aktuellen Passwort
dreadlocks

Wäschegewäsch

Ich trage meine Hemden
meist lose über dem Gürtel
und deshalb ohne Hosenträger
und bin deshalb selbst
mein Hosenträger
Höschenträger
diesen Begriff kennt der Duden nicht
neue Rechtschreibung hin
neue Rechtschreibung her
also keine Höschenträger
für die Höschenträgerin
aber
die Strings kennt der Duden
als Teilchen
mit eindimensionaler Ausdehnung
die man sich denken kann
anstatt der Elementarteilchen
in der Quantenfeldtheorie
und es gibt dort sogar
Superstrings
und ich denke

ja Superstrings die kenne ich
ja klar
super
übrigens
wovon war eigentlich
gerade die Rede

Dürnstein

Hier soll
König Löwenherz
gefangen gewesen sein
wer in Österreich würde
diese Geschichte nicht kennen
die Schlacht um Akkon
der blutige Waffenrock
von Herzog Leopold
das Bindenschild der Babenberger
und die Gefangennahme
des Engländers
und sein treuer Knappe
mit seinem Gesang
Blondel mit der Laute
horch da tönt es leise leise
aus dem Burgverließ empor
eine wohlbekannte Weise
klingt an Blondels lauschend Ohr
und so weiter
aber meine Frau
stammt aus Deutschland

vom Donaustrand zwar
doch Herzog Leopold
stand nicht im Lehrplan
stattdessen Loitpold
und so erzähle ich von Akkon
und dem König
und dem Bindenschild
und man sagt ja seit langem
Löwenherz und Blondel hätten sich
sehr gemocht
also damit wir uns recht verstehen
ziemlich sehr
und ich schaue meine Frau an
die Deutsche die Bayerin
und denke
natürlich nichts gegen Homosexuelle
gewiss nicht
und Wörter wie Schwuchtel
warmer Bruder Hinterlader
auch nicht das gute alte Urning
das ohnehin niemand mehr verstünde
nein soll nicht sein
und sie sollen heiraten dürfen
und adoptieren und überhaupt machen
was immer sie wollen
aber ich schaue meine Frau an
in ihrem Sommerkleid

und denke
ja eh heiraten adoptieren
aber
wenn ich meine Frau anschaue
in ihrem Sommerkleid
das sich um die Hüften legt
dann denke ich trotzdem
sorry Blondel
ein Irrtum …

Lebenslanges Lernen

Ein Mann
der *Agamemnon* liest
wo *angenommen* geschrieben steht
der beim Autokauf eine Type wählt
die nach einer Muse benannt ist
die einzige Type
die nach einer Muse benannt ist
sie erinnern sich wohl
climeterthal euer urpokal
ein Mann der
wenn er einen Tafelspitz verzehrt
an den alten Baron von Trotta denkt
und wie Max von Sydow diesen gespielt hat
unter der Regie von Corti
ein Mann der *Autorinnenreinigung* liest
wo *Autoinnenreinigung* geschrieben steht
und sich wundert
warum weibliche Schriftsteller gesondert
geputzt werden müssten
als dieser Mann
zum ersten Mal

das Wort *Bikinizone* hörte
dachte er
das sei eine Abteilung
in einem Geschäft für Bademoden
dann hörte er
das sei die Region
die zu rasieren sei
die enthaart werden müsse
aus Gründen der Schönheit
der Schicklichkeit
und irgendwann
fand er dann noch heraus
die Bikinizone könne auch
die Region um seinen Mund sein
die rasiert werden muss
Kinn Wange um die Lippen herum
um nicht zu kratzen
zum Beispiel in der Bikinizone
was auch immer
diese sein mag …

Sex cum laude

Ad multos ficos
sagt sie
nach mehr als genussvollen
Liebesakten
und
heißt es eigentlich ficos
ja sicher
sagt er
ad verlangt den Akkusativ
oder doch den Ablativ
sagt sie darauf
nein
sagt er
so wie ad fontes
und nicht ad fontibus
na also sagt sie
ad multos ficos
hab ich doch gleich gesagt

A 9 Berlin – Dresden

Gesessen
vor dem Klopstockhaus
in Quedlinburg
da geht das Gemüt des Dichters auf
und dann vorbei
an Wolfenbüttel
wo Lessing
als Bibliothekar arbeitete
da beginnt das Herz des Germanisten
zu pochen
da wird
der Puls des Büchermenschen
heftiger
und dann der Wegweiser
nach Merseburg
man weiß
ben zi bena bluad zi bluada
und dann schaut er
auf die Frau hinter dem Lenkrad
sie heißt nicht Emilia
und nicht Freya

und kommt naturgemäß
im *Messias* nicht vor
aber bei diesem Blick
kommen Gemüt und Herz
und Puls
in Bewegung
wie durch nichts
sonst

Interna

Sagt ein Autor
am Knoten Vösendorf
zu seiner Verlegerin
ich liebe dich mehr
als den gesamten
österreichischen PEN-Club
und die Verlegerin
sagt zum Autor
am Verteilerkreis Favoriten
ich liebe dich mehr
als die komplette
Grazer Autorenversammlung
und der Autor sagt
bei der Abfahrt Handelskai
ich liebe dich mehr
als den Internationalen PEN-Club
und ich
sagt die Verlegerin
auf der Höhe Ernst-Happel-Stadion
liebe dich mehr als den ganzen
Hauptverband des österreichischen

Buchhandels
und sie parken ein
im Parkhaus Messe Wien
schauen die Regale an
die Kataloge
und der Autor denkt an die Zukunft
und denkt
in Frankfurt werde ich ihr sagen
ich liebe dich mehr
als die Longlist
und die Shortlist
zusammen

Sommer

Beiß in die Ähre
und spüre heiße Krusten
die Rinde der Zeit

Glücklich und selig ist,
wer in gutter Ehe lebt.
Aber es ist eine selltene Gabe.
Martin Luther

Wenn die Sonne am höchsten steht und die Tage am längsten sind, beginnt der Sommer, die Monate der Reife und der Ernte: „Heuert" und „Ernting" einst genannt. Das Heu – das Gehauene, das nichts mit dem Heurigen zu tun hat, der kommt später – wird eingebracht und dann das Getreide. Wobei, beiseite gesprochen, Deutsche, wie mir erzählt wurde, in Österreich durchaus einen Heuregen vermuten, ist der Buschen doch so schön.

Wenn eine Liebe ebendort angelangt ist, Nebel der Unklarheit gelichtet, gelegentlicher Eisregen und das Narrentreiben im Februar valid überstanden sind, das nicht immer berechenbare Wetter des Frühlings den sonnendurchsetzten Tagen und sternenreichen Nächten Platz gemacht hat – dann kann man sagen: Ja, alles hat sich gelohnt.

Lebensfreude wegen der höheren Temperaturen, dem Aufenthalt im Freien und der durch Sonnenstrahlen freigesetzten Hormone – ja, eh, wird schon stimmen. Obwohl, beiseite gefragt: Warum sind die Lieder der Portugiesen und Griechen dann eigentlich so traurig?

Die Gegenwart ist es nicht allein, die den Sommer der Liebe ausmacht, das Geschehene und schon Gewesene, das zeigt wie Wachstum und Reifung geschieht, das ist der Sommer.

Wenn Berührungen selbstverständlich geworden sind und dabei doch nichts an Zärtlichkeit und Intensität verloren haben …,

wenn eine Situation mit einer kurzen Bewegung von ein paar Gesichtsnerven erklärt und kommuniziert werden kann und doch die Gespräche nicht weniger und kürzer geworden sind, sondern tiefer und genauer und ehrlicher …,

wenn das Halten und Gehaltenwerden kein verrücktes Klammern mehr ist, schon gar kein Raub der Freiheit, sondern ein göttliches Geschenk …,

wenn das Lächeln nicht aufgesetzt ist wie ein Hut oder eine Mütze, sondern Teil des Selbst ist wie die Zähne und die Lippen …,

wenn das Lachen nicht nur lachen über etwas ist, sondern voll und ungeahnt satt …,

wenn man nicht mehr täglich übereinander herfällt, aber doch immer wieder oft …, wenn die Teilzeitsultane und Saisonschlampen aus dem „Winter" resigniert kehrtmachen angesichts von Ringen und vertrauten Blicken …,

und *„wenn einem die Treue Spaß macht"* (ein Zitat von Julie Andrews, von dem man wünschen könnte, es wäre ein eigenes),

dann ist das Liebe.

Und dann ist Sommer.

Heiliges Land na und

Wenn das Autoradio ankündigt
Stau auf der Besiebzehn
bis zur Spinnerin am Kreuz
und tatsächlich staut der Verkehr
und man blickt auf die Säule
auf dem kleinen Hügel dem Wienerberg
neben der Straße
neben der Besiebzehn eben
mag es sein dass einem die alte Sage
in den Sinn kommt
von der Frau
die dort Flachs verarbeitete und verkaufte
und wartete auf ihren Mann
der sich einem Kreuzzug angeschlossen hatte
wie die Sage berichtet
einem Feldzug gegen die Heiden
die Ungläubigen
um das Heilige Land zu befreien
die Heilige Stadt Jerusalem
und nach Jahren kehrte er heim
staubig

und als einer der letzten
auf einen Stock gestützt
weil er verwundet worden war
und sie ließ einen Bildstock errichten
für das Geld das sie erlöst hatte
aus dem Verkauf des Garns
und sie waren glücklich
und halb Wien freute sich mit ihnen
berichtet die alte Sage
aber
denkt der Mann
was hatte der bei einem Kreuzzug verloren
als Freiwilliger als Mutwilliger also
frisch verheiratet wie man sagt
wie kann ein Feldzug gegen die Heiden
so wichtig sein
denkt der Mann
im Stau auf der Besiebzehn
zwischen stop and go
und denkt
wäre ich über Altmannsdorf gefahren
über den Grünen Berg
wäre ich schon zu Hause
bei meiner Geliebten
meiner schönen Frau
ohne Staub ohne Stock
und glücklich

Passau dreifarbig*

Grau und braun und grün
vereinen sich die Flüsse
zwei groß einer eher klein
und ein Bischof aus der Stadt
ließ einen Dom gründen
viele Meilen entfernt
vor vielen Jahrhunderten
den Dom Sankt Stephan in Wien
den Steffel
einer der Flüsse fließt auch dort
einer der beiden großen
der schöne blaue
und eine Frau kam dort zur Welt
vor ein paar Jahrzehnten
eine meine
und man sagt
dreifarbige Katzen wären Glückskatzen
und es könnte gut sein
dreifarbige Flüsse wären Glücksflüsse
könnte gut sein
meine ich

Hintergrund special

Vor seinem Bildschirm sitzt der Dichter
sucht nach Worten
Zeilen Sätzen
kein horror vacui
nein den gibt es nicht mehr
das leere Blatt nein
nicht leer Datei Start Einfügen Seitenlayout
Verweise Sendungen Überprüfen Ansicht
nein leer kann man das nicht nennen
er sucht die Sätze
und seine Muse liest auf ihrem Schirm
also wirklich sagt sie
dieser Trottel von Buchhändler
weiß nicht einmal seine UID
und hör dir diese Aussendung an
geht es noch blöder
und er schaut sie an und nickt
die sind doch wirklich nicht zu retten
sagt sie
schreiben den Rückentext ab
und nennen es Rezension
und er schaut sie an und nickt

warum deine Bücher
nicht als e-book erscheinen
fragen die
also haben sie es noch e-book
und er schaut sie an und nickt
und will ein Liebesgedicht schreiben
sucht Worte Zeilen Sätze
die von Zuneigung erzählen
von Vertrauen und Nähe
und er schaut sie an
und denkt
gefunden …

Lokalführer

Am Tummelplatz wurden
bei Ritterturnieren die Pferde gewendet
und so manche Stadt hat einen Platz
dieses Namens
einen Treffpunkt
ein Gewusel
und vom Tummelplatz führen Wege weg
mit farbigen Markierungen
auf einem sind die Pfeile
mit Scheiße gemalt
sie führen zum Café Hahn im Korb
zum Espresso Monokel
und in der Folge
in einem Bogen
unterschiedlicher Länge
zu einer Busstation
mit dem Namen Sehnsucht
und der Bus bringt die Wanderer
über die Umsteigestelle
an der Großen Freiheit
zurück zum Tummelplatz

ins Gewusel
und einer
ist mit dünner Farbe markiert
transparent
mit wasserabweisender Lackschicht
und er führt über Stoppelfelder
die abgeerntet sind
und noch nicht neu gesät
da und dort ein Maulwurfshügel
eine Vogelscheuche
und der eine oder andere Bildstock
mit dem Heiligen Sebastian
und er endet bei einem Einkehrgasthaus
namens Maskenspiel
und einer ist mit Veilchenblättern markiert
er passiert das Restaurant
Philemon und Baucis
und führt in der Folge
an einen Waldsee
am dem die Enten quaken
wo am Ufer eine Decke ausgebreitet ist
auf der ein paar Bücher liegen
eine Pfeife
ein silberner Armreif
und der Badesteg ist recht schmal
gerade dass er ausreicht
für zwei Personen …

Gedanken im Garten

Am Abend begleitet der Kohlmeisenhahn
das Kohlmandl
also das Männchen
seine Gefährtin
zu der Baumhöhle in der sie schläft
und er fliegt dann zu der seinen
wo er seinerseits schläft
so steht es im Naturführer Singvögel
und manchmal denkt er des Nachts
wie wäre das doch schön
wenn sie jetzt ihren Kopf
an meinen Flügel lehnen würde
so denkt er manchmal des Nachts
davon steht nichts
im Naturführer Singvögel
und am frühen Morgen holt er sie ab
von ihrem Astloch
die Kohlmeisenhenne
das Weißwangerl
das Fräulein Zizibe
und sie suchen gemeinsam Futter

so steht es im Naturführer Singvögel
und manchmal denkt sie
wenn sie in einer Wiese pickt
eigentlich sollte er
der schwarze Streifen ist auch so breit
mich jetzt bespringen
anstatt nach Würmchen zu suchen
davon steht nichts
im Naturführer Singvögel
und welches Wort gibt es
bei den Vögeln
welches Wort für Liebemachen
Sex haben miteinander sich vereinigen
welches Wort gibt es da
davon steht nichts
im Naturführer Singvögel

Liebe**

Nein mein Liebling der Kaffee
ist längst fertig aber ich
habe dich noch etwas weiterschlafen lassen
weil du so lieb aussiehst
in der Morgensonne
bin ich eben ein bisschen gesessen
und habe dich angeschaut
oje was ist mit dem Rücken seit wann
ich hole das Öl oder doch
nur ein wenig streicheln oder beides
mein armer kleiner Liebling ich kann dich auch
ein Stück tragen deine paar Kilo
was heißt drei oder fünf zu viel
du warst nie schöner als heute
ja den Aschenbecher obwohl
ein bisschen weniger nein nicht aufhören
ein paar weniger am Tag
weil du eh manchmal so hustest
habe ich dir heute
schon gesagt dass ich dich liebe

Ohne Titel vorderhand

Es gibt den Tag des Brotes
den Tag der deutschen Einheit
den Sylvester
der an einen Papst erinnert
man weiß
den mit der Konstantinischen Schenkung
den mit dem Edikt von Mailand
und so weiter
oder auch bloß an Knallfrösche
es gibt den Tag der Fahne
den so genannten
und sogar den Tag der Lyrik
im März
und es gibt die Geburtstage
einen für jeden und jede
sieben Milliarden Geburtstage etwa
in jedem Jahr abgerechnet diejenigen
die am neunundzwanzigsten Februar
zur Welt kamen
nur der Vollständigkeit wegen
und dann gibt es einen
den der einen

der sich ereignet hat
ein paar Autostunden entfernt
und sie lebte ihr Leben da und dort
und so und wieder anders
und ein Mann lebte hier
so und wieder anders
und zuweilen mag sie
an einem Tisch gesessen haben
in einem Lokal da oder dort
und er am Nachbartisch
zuweilen mögen sich Blicke gekreuzt haben
beiläufig
und zufällig oder nicht
und für ihn war jeder Tag
ein Tag der Lyrik
und so mancher Tag
ein Tag der Fahne nun ja
und irgendwann
spät oder auch nicht spät
war der Tisch an dem sie saß
der Tisch an dem er saß
und irgendwann
war der Ring an ihrer Hand
sein Ring
und der Ring an seiner Hand
ihr Ring
und ihr Einschlafen

sein Einschlafen
und sein Erwachen ihr Erwachen
und in jedem Auge
war sie stets eine Schöne
und in seinem Auge
die Schöne
und Hände die oft greifen
nach Feder und Maus
und zuweilen nach einer Sprühdose
Fuck the system!
streichen über Nacken
über Hüften und Waden
und verschränken sich
beim Einschlafen
und
beim Erwachen …

Küchengespräche

Wenn ein Mann
den Geschirrspüler befüllt
und seine Frau kommt
in die Küche
und nimmt ihm den fettigen Teller
aus der Hand
und nimmt ihn bei der Hand
und sagt
sie wolle mit ihm schlafen
sofort
und sie gehen zum Bett
schlafen miteinander
machen Sex
oder wie immer
lang oder kurz
behutsam oder heftig
laut oder leise
missionarisch oder babylonisch
und es ist total schön
oder wenn sie stattdessen
weiteres Schmutzgeschirr bringt

und dann einkaufen geht
und der Mann weiter
den Geschirrspüler befüllt
und es ist total schön
dann ist es so
wie es sein könnte
wenn es total schön sein
soll

Traum eins

Ich träume
von Lagerhallen
in denen ich Kartons versende
und Schachteln
viele Kartons große Schachteln
mühsam lästig
anstrengend ermüdend
und immer wieder
bis ich erwache erschöpft
zerschlagen und mit brummendem Kopf
und meine Frau
eben erwacht
erzählt mir von ihrem Traum
von dieser Nacht
sie war in einem Haus
und ständig kamen Sendungen an
Kartons Schachteln
viele Kartons große Schachteln
und sie wäre schon ganz erschöpft gewesen
vom vielen Packen
und ich denke das ist Liebe

Traum zwei

Ich träume von Kopierern
die nicht funktionieren
ich träume von Adressen
die ich nicht finde
ich träume von Maturaprüfungen
für die ich nicht vorbereitet bin
nie träume ich
von einem Lottogewinn
nie von einem Bestseller
nie von aufregendem Sex
und schon gar nicht
von aufregendem Sex
mit meiner Frau
wozu träume ich eigentlich

Traum drei

Irgendetwas Sinnloses
geht durch den Kopf
im Schlaf
weiße Wölfe kaputte Autos
irgendetwas
und dann statt der Wölfe
statt der Autos
meine Frau
die neben dem Bett steht
und lächelt
und ihr Hemd ist offen und
ich sehe den Nabel
und die rechte Hälfte der linken Brust
und die linke Hälfte der rechten Brust
und das Gekräusel am Venushügel
und
dann erwache ich und denke
welch Traum und
neben dem Bett steht meine Frau
und lächelt und
sie öffnet ihr Hemd und

ich sehe den Nabel
und die rechte Hälfte der linken Brust
und die linke Hälfte der rechten Brust
und das Gekräusel am Venushügel
und sie lächelt und
streift das Hemd ab
und es ist kein Traum
und
es ist ein Traum

Traum vier

Warum spuken durch deinen Kopf
schlafend
immer nur schwarze Würfel
blaue Pyramiden
Weltformeln und
Rituale aus der Ewigkeit
warum
träumst du nie
du wärest eine Prinzessin
eine Jungfrau
angekettet an einem grässlichen Felsen
vor einer grässlichen Höhle
und bewacht
von einem grässlichen Drachen
und warum träumst du nicht
in der Folge
ich käme geritten
auf weißem Pferde
mit silbernem Harnisch
und blinkendem Schwert
und ich erschlüge

den Drachen mit starker Hand
mit furchtlosem Gemüt
in edlem Heldentum
und löste deine Ketten
und setzte dich aufs Pferd
zu verlassen den grausigen Ort
warum träumst du nicht
von meiner heroischen Tat
sage ich eines Morgens
und am Nachmittag
rufst du
im Badezimmer sei eine große Spinne
krabble über den Wannenrand
gib sie weg
rufst du
mach was
rufst du
und ich lasse die Spinne
auf ein Blatt Papier kriechen
helfe nach mit sanfter Gewalt
streife sie am Fenster ab vom Papier
immerhin
die Spinne ist weg
entfernt vom Ritter
ohne Furcht
und Tadel

Dialektik etwas verkürzt

Der Möbelpacker
der schwere Stücke
zu tragen hat macht dennoch
zumeist
nichts Untragbares
so mancher sagt sehr selten
etwas und benimmt sich doch
nicht unsäglich
nimmt der Beamte einmal keine
Gebühren ein verhält er sich
deshalb noch nicht
ungebührlich
beim Liebenden der
erhört wird
gilt keine Handlung
als unerhört

Traumzeit okzidental

Die Wünsche nicht erfüllt
die Wünsche an den Tag
die Erwartungen am Morgen
Vereitelung Missgriff
eigene Dummheit
fremde Dummheit
und am Ende des Tages
Groll im Gemüt
die Gedanken grau
Wolken vor dem Mond
Sand im Kaffee
Fruchtfliegen im Wein
ein Teller der Hand entfallen
am Boden zerschellt
und kurz die Worte
und etwas barsch im Klang
und ein bisschen schmal der Mund
und schmal die Augen
und etwas zu laut
das Schließen der Schranktür
und in der Dunkelheit

rückt sie näher
am Kissen
halb im Schlaf schon
fast im Schlaf schon
sucht die Schulter als Liege für den Kopf
und möchte gehalten werden
fast im Schlaf schon
geschlossen die Augen
und lächelnd der Mund
und leicht das Atmen
und kein Laut von der Schranktür
und es könnte sein
die Scherben des Tellers
würden sich wieder zusammenfügen
im Abfalleimer
und man würde keinen Riss sehen
im Porzellan

Kalendarium

Wäre das Leben ein Fußballspiel
oder ein Fußballspiel das Leben
nur so zum Nachdenken
für einen Mann
so knapp sechzig Jahre alt
knapp sechzig sagen wir
halt neunundfünfzig
begänne dann die siebzigste Spielminute
und es wäre nicht mehr lange
zur so genannten Rapidviertelstunde
und viele Spieler werden müde
in dieser Phase
laufen nicht mehr so rasch müssen rasten
stolpern gelegentlich
oder sie werden von Krämpfen geplagt
der eine oder andere
muss gelabt werden massiert
man klebt ihm ein Pflaster
auf eine blutende Wunde
und es gibt Spieler
die müssen ausgetauscht werden

erschöpft am Ende ihrer Kräfte
müssen das Spielfeld verlassen
reichen dem Nachfolger
dem Eingetauschten
die Hand wünschen ihm alles Gute
viel Erfolg
und sind doch auch oft verbittert darüber
das Spielfeld verlassen zu müssen

wäre das Leben ein Jahr
oder ein Jahr das Leben
nur so zum Nachdenken
für einen Mann
so knapp sechzig Jahre alt
knapp sechzig sagen wir
halt neunundfünfzig
für diesen Mann ginge
in seinem Jahresleben
gerade der September zu Ende
die Blätter rot oder braun
und manche herabgefallen
und einiges vom Wein schon eingebracht
und manches schon vergoren
die Pflaumen gepflückt
und der Erntedank nicht weit
die Strände leer auch im Süden
und recht kühl die Morgenstunden

wenn auch noch die Sonne wärmt
zu Mittag
und der Himmel so blau ist
zum Sterben schön
und der Blick auf die Berge so klar
zum Vergehen klar

oder wäre das Leben ein Tag
nur so zum Nachdenken
für diesen Mann
knapp sechzig Jahre alt
sagen wir halt neunundfünfzig
ein ganz normaler Tag an dem
aufgestanden wird um sieben
und eingeschlafen gegen elf
ein ganz normaler Tag
man mag ihn spießig nennen
langweilig
allzu konventionell
gleichviel
ein normaler Tag also
dann schlägt es für unseren Mann
gerade sieben
neunzehn Uhr korrekt
die Arbeit ist getan
zumeist
und viele sind schon zu Hause und

verzehren ihr Abendbrot
und die Sonne steht schon tief oder
sie ist schon untergegangen oder
sie wirft ihr schönstes sanftestes Licht
auf die Häuser die Wiesen
die Gassen die Bäume
und in den Fernsehgeräten
werden bald die Abendnachrichten
gezeigt werden und dann
das Hauptabendprogremm
wie man es nennt Hauptabend so
nennt man es
und was bleibt noch zu tun an dem Tag
zu spät schon für einen Theaterbesuch
oder um jemanden einzuladen
es sei denn die potentiellen Gäste
wüssten nicht viel anzufangen mit ihrer Zeit
also noch ein Glas Wein trinken
in die sinkende Sonne schauen
den letzten Rufen der Vögel zuhören
den Grillen dem Heimzugkrächzen
der Krähenschwärme
und vielleicht allmählich die Fenster schließen
und unnütze Lichter verlöschen
durch die Glasscheiben auf die Straßenlaternen
blicken um die Mücken kreisen
oder deren Licht sich durch den Nebel kämpft

oder
von denen Eiszapfen nach unten wachsen
je nach Jahreszeit eben
und nach einer Hand greifen
einen Rücken streicheln
eine Wade
einen Nacken
einen Körper umfassen sich an ihn drücken
ihn an sich drücken
und nicht zu oft auf die Uhr sehen und
nicht zu sehr die Minuten zählen
die übrig sind bis elf
bis dreiundzwanzig Uhr
korrekt
zur Unruhe bei Zeiten

Blechdosen definitiv nicht

Richard Wagner lässt
den Hans Sachs
den Meistersinger von Nürnberg
davon reden
wie sehr der Flieder schon duftet
und es gibt Flitter
auf manchem Ballkleid
und auf manchem
Faschingskostüm
und es gibt Wochen
des Flitters
die duften
wie der Regen
der auf die Blätter des Zitronenbaumes fällt
und auf die schwarze Erde
am Meer
und wie die Träne die auf
ein Blatt Papier fällt
Wochen des Flitters
wie der Flieder am Abend
wie der Wind über der schwarzen Erde

wie das Ballkleid über
das etwas Champagner
gegossen wurde
beim Zuprosten

Ausschließungsverfahren

Draußen vor dem Haus
der Eisregen
der Sturm der den Staub in die Augen bläst
und das Glatteis
auf dem Arme und Beine
und Hände
brechen können
oder der Hagel
der die Blüten zerschlägt und
die Dächer der Autos
aber hinter der Tür des Badezimmers
im warmen Wasser in der Wanne
im Wasser das nach Patchouli riecht
nur satte Müdigkeit
und deine Knie
die aus dem Wasser ragen
und dein Gesicht
und dein entspanntes Lächeln
und Kerzenflammen
vor der Fensterscheibe
und

im Briefkasten ein Bescheid
vom Finanzamt
eine Strafverfügung nach einer
Lenkererhebung
am Tisch ein Schulheft des Sohnes
mit einer schlechten Note
ein kritischer Artikel
im Wochenmagazin
und hinter der Tür des Schlafzimmers
kein Bescheid
keine Kritik
und schon gar keine
Notengebung …

Erotolinguistik

Wenn die Rede ist
vom Austausch von Körperflüssigkeiten
könnten das auch Tränen sein
Blut
beim Boxen
oder Verbrüdern
und im Alten Testament
schreiben sie
dass ein Mann
seine Frau zur Ruhe bringen soll
dass eine Frau
ihren Mann erkennen soll
so nannten sie das
was heute meist kurz
Sex
genannt wird vögeln
nennen wir es also einmal so
vögeln
wobei Wörter wie Lustgrotte
und Zauberstab

und so fort
total unnötig sind

aber alle alten Lehren
aus Palästina
aus der arabischen Wüste
vom Indus und vom Ganges
sagen dass es gut ist
oder sogar heilig
wenn zwei Menschen
die zusammengehören
sich erkennen zur Ruhe bringen
Sex haben
vögeln
was auch immer
und sie sagen meist
mit seiner Frau
mit ihrem Mann
gleichviel
ob die Lehre einen Gott hat
oder siebenundvierzig

Coelho alter Junge

Wenn der Kriegers des Lichts sieht
dass sich seine Geliebte
morgens noch im Bett räkelt schlaftrunken
wird er unverzüglich gehen
Kaffee aufzustellen
wird Brote schneiden und ein Ei kochen
nicht vier Minuten
und zwanzig Sekunden
nicht vier Minuten
und fünfundfünfzig Sekunden
der Krieger des Lichts wird das Ei
genau vier Minuten
und dreißig Sekunden kochen
derweil die Morgenzeitung holen
aus der Morgenkälte
alles alles auf ein Tablett stellen
ans Bett bringen
seine Geliebte anschauen
die sich immer noch räkelt
und er wird dabei
weiter ein Krieger sein

Wenn der Krieger des Lichts
am Amboss steht
um die Schneide seines Dolches zu schärfen
und die Geliebte tritt zu ihm
und spricht
über das schöne Wetter
über den Sonnenschein
wird er nicht zögern
mit ihr über Wiesen zu wandern
wird auf einen Baum hinweisen
und auf eine Wolke hingewiesen werden
und am Gürtel wird er
den Dolch tragen
nur mäßig geschliffen
und unvollkommen
er wird gehen
in seiner Hand die Hand
der Geliebten
statt eines scharfen Dolches
und er wird gehen mit ihr
im Sonnenschein
über Wiesen
mit unvollkommenem Dolch
und er wird dabei
weiter ein Krieger sein

Wenn der Krieger des Lichts bemerkt
dass seine Geliebte
mit begehrlichem Blick
nach ihm schaut
während er dabei ist
sich zu rüsten
für die Eberjagd
oder
sich zu rüsten
zum Brechen der Hauptstadt seiner Feinde
wird er den Gürtel abschnallen
und die harten Hände
weich werden lassen
und sie legen
an die Hüften der Geliebten
und ihrem Begehren entsprechen
je nach dessen Maß
und
der Eber wird weiter leben
noch einige Zeit
und die Mauern
um die Hauptstadt seiner Feinde
werden weiter bestehen
für eine kurze Zeit
und er wird dabei
weiter ein Krieger sein

Wenn der Krieger des Lichts
aber das Verlangen verspürt
seiner Geliebten beizuwohnen
wenn er verspürt
dass sein Körper diesem Tun
recht zugeneigt wäre
und wenn die Geliebte andeutet
müde zu sein
nach einem langen Tag
wird der Krieger des Lichts nicht zögern
zu erwähnen
wie müde auch er sei
nach einem langen Tag
wird die Geliebte in die Arme nehmen
und sanft streicheln
auf dass sie gut schlafe
und er wird dabei
weiter ein Krieger sein

*   *aus: VAK! Am Voralpenkreuz, 2013*
** *aus: In alten Legenden und bei Zeiten, 2012*

Ebenso von Erich Schirhuber
in der EDITION ROESNER erschienen

Zum Beispiel im Süden.
Lyrische Texte aus Europa
2010
ISBN 978-3-902300-55-3

Im Herbst fast weiß.
Lyrische Texte
2011
ISBN 978-3-902300-57-7

In alten Legenden und bei Zeiten.
Lyrische Texte über Götter und die Welt
2012
ISBN 978-3-902300-73-7

VAK! Am Voralpenkreuz.
Lyrische Ortungen
2013
ISBN 978-3-902300-80-5